Água sobre pele

Luana Kuchma

Água sobre pele

Luana Kuchma

Não vê que isto aqui é como um filho nascendo?
Dói. Dor é vida exacerbada. O processo dói.
Vir-a-ser é uma lenta e lenta dor boa.
Clarice Lispector

Desde o começo do mundo água e chão se amam e se
entram amorosamente e se fecundam.
Manoel de Barros

Água prateada que me engole os ouvidos. Água salgada espelhada revolta. Água mãe da morte, da vida: o seu revolvimento não me engana. Os braços atrás da montanha escondidos são os de Deus, daqui observo a centelha de seus olhos deitando às costas das nuvens. Ouço os trovões, o vento bravo cobrando seus favores. Água fria fremente desperta. As pernas nas minhas pernas não são minhas, mas do polvo gigante que do mar irrompe e me lança ao longe. Não vejo o polvo, sinto-o no ímpeto com que sou espiritualmente absorvida por ele e gosto, nunca me senti tão viva. Afundo, afundo, e atordoada pelo peso da necessidade de respirar, falo uma língua antiga que ainda não aprendi. Apagando-se em mim a memória de como caminhavam as pessoas, de como se alimentavam ou amavam, se amavam, se comiam ou morriam do vazio da fome do amor. Esqueci meu nome, não sei quem sou e o que fui. Não sei se possuía a clareza sobre tais fatos antes mesmo de intuir que os esqueci, como não sei o que são fatos, dados, quadros, porta-retratos, notícias. A memória é indefensável e agora é tarde. É tarde e o submerso sou eu, que não preciso de um chamado para sangrar o magma de pelejo da minha consciência feminina. Água prateada que me cobre os ouvidos como quem usa as duas mãos num cochicho: em seu interior tudo ouço e em silêncio me faço sentido-ouvido. Água gelada enfeitiçada. Água pelada, pelando. Pele feita de água, água sobre pele. Ouço agora o vento num murmúrio segredando às ondas: *na misteriosa imensidão das palavras profanas e sagradas, faladas e não ouvidas, banais e ainda desconhecidas, é que se aprende a ouvir de verdade, pelo imo*. Sim, é um convite. Não, é uma porta oculta e que na sua ocultidão se encontra escancarada. Para entrar, basta descobrir o segredo, que começa assim:

PRIMEIRA PARTE

NO FUNDO DO MAR OS POLVOS DANÇAM BALÉ

no princípio, a destituição dos ossos
pele, olhos, ouvidos e tecidos primeiros
do que se conhece como corpo, emancipar a forma
ao abandono de noções orgânicas mecânicas humanas

em seguida, reaprender do toque a apalpadela
intuir sem os meios, a iniciar pelo fim
em renúncia ao concreto exato do tato
conquistar e habitar a anatomia da transparência

agora você possui tentáculos para assimilação
da água em sua cadência sem obstruções
e pode atravessar as ínfimas curvas das vibrações
no perpétuo borbulhar do eco marinho

agora você pode transformar o seu eu-físico
em toda forma ainda não inventada
como para poder caber num buraco
do tamanho do seu olho a esquadrinhar
um mundo novo de colossais possibilidades

agora você pode nadar e encontrar sem medo o fundo
deixando à superfície as suas definições acabadas
mesquinhos desejos, enganos, queimaduras antigas
livre como as indômitas ondas do oceano atlântico

dois corações são seus
nascidos dentro de você e formando outros

que na ânsia de viver sangram azul
e impávidos da morte dobram marés

desnecessários os pés
no marítimo balé dos moluscos
ser-polvo é puro transpor de movimentos:
entre os peixes isso é segredo

Josué, o polvo, ensinou-me a dançar
depois lançou-me ao solo firme
para que eu, terrena, pudesse respirar
e deu adeus, foi viver feliz ao mar

respirando, começo a meditar
na mente buscando os lugares
onde corpo é poeira que o vento alastra
sobre os campos e o longínquo das montanhas
que a chuva recolhe e devolve à terra

levitando, sou matéria viva e transmutante
ainda não consumada à forma humana
ao abrir os olhos sou carne, e sangro
lembro de Josué, que era feliz

16 inauguro aqui um estado extremo de palavras
cisco na retina e impulsiva cognição
e só me importo em perder o sentido explicando
então não me explico, confundo assim:

o caminho à vista é feito de desvios
não os desvios do atropelo, mas do deleite
em tempo me amalgamo e sou presente e passado
o agora é uma construção ao ar livre
que ontem mesmo começou a derruir

o que ofereço é um exercício físico de memória
tateamento lascivo de cheiros ainda em formação
e cruzamento transcendental de energias
em obliquidade, é clara a minha sugestão

neste grito disfarçado de espirro
há um crescente fluxo de resistência
pelo movimento da vida que me resiste
movimentada, movimentando, sou eu

o que se desloca, em verdade – não absoluta
são órgãos vivos transfigurados em fábulas
rolando moles para fora de mim
sobre o rubro das páginas em excitação
cuidado: mais do que formar versos
eles mordem

das letras o meu inteiro sustento
em sílabas formando dentes que me mastigam
agarro-me ao firmamento dos fonemas graves
no verbo-ventre envolvida em aquecido manto

em meu sonho é desperta a escrita
acordo e sou prosa atrevida
para à noite descobrir-me verso
e sendo poema, ao reverso existo
e sou nada, tudo e ninguém

sou palavra e palavra não é
mas vive dizendo que é, então é
preenchendo estas linhas sem preencher-me
abrindo-me à porta da boca de quem me fala
escuto e sei que o que a palavra almeja
é conhecer a língua áspera do silêncio

falo idiomas criados em acepções inorgânicas sem registro
e a você, que me lê palavra e ser e nada e incerta coisa
digo só uma vez:

o inútil presta para muitas coisas
o necessário é que vive cego de certezas

quando se coloca um livro perto de uma cicatriz
eles conversam

quando se coloca uma saudade próxima ao papel e à caneta
eles riem como crianças

por mais silenciosos que pareçam os objetos
guardam em si muito barulho:

a cadeira arrastada ao lado impudica
cruzando a perna da mesa em recato
a taça tocando a outra taça que derrama o líquido
e sobre o prato a faca junto ao garfo afoito
levam à boca a torta de morangos com creme fresco

à noite os artefatos cantam, dançam e – curiosos – falam do amor
[que os homens objetaram
pela manhã fingem ser só os utensílios que acreditam os humanos

Carícia, a concha
pediu-me para morar num seio meu

saber como é ter corpo de menina
usar sutiã, levando na pele indefesa
os sinais do elástico rosado surrado do dia
arrepiar-se ao toque e inteira desabrochar
ao recolhimento da palma da mão do tempo

o corpo da mulher envolve décadas de dores
sabores amargos de sua própria natureza
sangramentos, julgamentos, tentativas de aniquilação
séculos do mais duro enfrentamento
a toda violência e formas de opressão

Carícia, de súbito, não teve medo
e num único golpe de carinho infantil
cobriu meu seio pequeno com sua carapaça do mar

a primeira coisa que Carícia sentiu
foi vontade de dançar – ela disse
a primeira coisa que eu senti foi
desejo

em alerta à presença do predador
o polvo assustado recolhe em forma de flor os seus tentáculos
para o lado oculto da pedra, a proteger-se na escuridão

as meninas acuadas escondem-se debaixo da cama
olhos arregalados, mãos cobrindo a boca e a respiração
coração batendo esmagado no corpo encolhido

retração é o movimento natural da beleza violentada
como o retorno ao interior de si mesmo é ato defensivo
ensinam as tartarugas, caracóis e caranguejos

em elegante sucessão, as águas se comunicam e se integram
como as mulheres em leituras se transfiguram umas nas outras
a dividirem seus segredos cósmicos de permanência

do outro lado, pequenas pedras colapsadas deslizam
por sobre os ombros das colinas aquecidas
e o vento pacífico, por um instante chega a perder a lembrança
dos séculos vermelhos ainda latentes

as duras memórias femininas estão sempre a ir e a voltar
porque latejantes em nossa estrutura celular
os pedaços vivos de nossas ancestrais

ao cálido toque do tempo tremulam as camélias
como a pele da mulher se estranhando e adaptando ao enfado

por isso se exaltam seus cabelos em ondulada radiação
e o sangue em confluência se expande a corar a face:

a mulher ruborizada é o retrato antigo de um vulcão – que
[profundamente atingido
pelos anos de contemplação do nascimento e abnegação do sol
guardou para si o fulgor da erupção
ao despontar da noite as ondas se chocam sem serem ouvidas
como as mulheres em fúria cerrando os lábios com os dentes
pelo não dito, o que forçosamente nelas silenciou-se

as mulheres silenciadas são montanhas corroídas
fendas profundas sobre a terra em estado de sangramento
e nesses ciclos de vida e de morte se confundem
com matéria e putrefação, maldita aflição, pesada ternura

a feminilidade exausta e ferida ainda tece carícias
a desvendar no mar como no próprio corpo
lugares extremos que só se compenetram com a boca
como dentro delas mesmas os sentidos se fazem com as mãos

com as mãos é que se rasga um útero e dele se retira um filho

as mulheres quando parem, até o céu se interrompe em seus atos divinos
transformando-se entre as nuvens num corpo gigante olhando de cima
a multidão vivendo sem deslumbramento nem espanto
com o número de mortos a crescer silencioso

estupefato, o céu observa o corpo da mulher sendo aberto e costurado
como nos dias de tempestade as nuvens se abrem e se fecham e se
[exaurem: as mulheres chovem
as mulheres pintam, escrevem, traduzem, refutam, constroem
as mulheres tocam, amam
retomando os instrumentos que por tempos sem fim lhes foram
[proibidos na tentativa de impedi-las
de desconstituir o ódio, auscultar a ferida
retomar o viço, libertar o corpo

sim, eles todos falharam

na cidade os meus sonhos sobrepujados
aprenderam em espinhosas gaiolas
a bater as asas

abrindo os caminhos que levam à criança que fui
os campos infinitos verdejantes
desbravam-me a alma

aço, vidro e pompa eu nunca quis
manifesta, só desejei permanecer
onde não precisasse ser consertada

onde se rompeu o sustentáculo é o meu lar
onde não existem paredes é minha casa

cheiros que misturados com cheiros formam outros sem nome:

goiaba fresca com beterraba cozida
maré de açúcar
bolo queimado de angústia
livro velho exposto à luz
livro emprestado e não devolvido de um amigo
camiseta de banda de ex-namorado
gato que acabou de acordar
vento que passa pelo pescoço da árvore
canela em pau fritando com alho
espada-de-são-jorge em casa de mãe
conselho de mãe cozinhando na sopa
lugar vazio em mesa de família
terra molhada sem flores
flores secas em lápides
pessoas passando sem sentir

apreendida pelo céu
esqueço onde dói e sigo leve
sou toda nuvem vestida de fumaça
caindo rendida à graça das alturas

azul é meu coração, todo azul
como a canção que escrevi
quando tentei me matar
e que minha mãe me perdoe

um dia, garota ainda, olhei para o céu
com tanto desejo de a ele pertencer
que esqueci como respirar

lembrando do mar, lembrei do ar
foi a primeira vez que renasci

de pele é feita a pedra em que desabo a escrever
afundando em largo estado de isolamento
o que preciso dizer está em germe
como o que lembro e intenciono esquecer que me dói

as palavras sempre foram duras
ou só as sentimos assim depois de morrer algumas vezes?

mordo a borda do círculo-som que numa frase me cospe
para fora de mim à brutalidade de um viver não místico
e prefiro a magia, devo dizer
daquelas que sou, a mais forte é a bruxa

o caminho que venho traçando é antigo
das trevas profanas sou velha confidente
e no entanto, hei de perder-me outra vez
de mim só o vento me liberta

tormento meu que no escuro me abre os olhos
a pedra é feita de pele viva e se aberta, sangra
e se sangra, as letras atravessam a dizer solstícios
debulhada à noite sou mulher, vida e tempo
como me ensinou a lua em sonho:
em pacto, oferecendo a alma ao poema

a lágrima caiu agônica sobre a pedra
e então tornou-se pedra
nunca antes vi água virar lápide
aqui trocam de lugar os sentidos

e se eu me atirar bem do alto
transformo-me em granito?

quero ser uma rocha enorme
com a forma perfeita de uma tartaruga
algum dia olharão meu corpo musgoso e nu
e dirão: olha, uma tartaruga gigante

a terra, você a sente? a terra te sente
a terra está viva e tem memória

olha, olha:
uma tartaruga passando
e descobrirão que sou pedra lascada

vinte e nove anos consubstanciando
este corpo, que ainda me é estranho
em mim sou sempre atual e diferente
antiga e incondicionalmente nova

em que pese o comer, beber, vestir, dormir
apesar do abrir, fechar, quebrar, reunir
que são sempre e jamais os mesmos
habitar-me é uma experiência transgressiva

bocejo, saliva, espasmo, vômito
o ir e vir subjetivado no entrar e sair do outro vazio

em minha desordenada geografia
existo estrangeira, ingênua itinerante
de um dia para o outro não me reconheço
esqueço minha língua e sem compreender
o que preciso exprimir, calo-me

do alto de minha lição personalíssima
sei que ainda estou aprendendo
tão perto, às vezes tão longe da verdade
que pelas vias respiratórias me escapa
que enlouqueço, uivo, estremeço

viva, estou sempre a um passo
atrás de mim e não me alcanço

meus braços curtos, minha visão míope
e meu coração pueril não entendem

o ocupar desvairado dessa casa de ossos e dura carne magra
que sangra, e que com os dedos sangrados costura palavras
meu Deus, dessa vida só sei suturar palavras
e diligente em meu vital ofício, ainda me machuco

mão de plantar, colher, amassar o pão
boca de comer o pão amassado pelo diabo
olhos de ver coração onde a palpitação falta
corpo de carregar o peso do oco do outro

mão de entalhar poemas, singrar livros, cortar cebolas
boca de comer as cebolas fritas no azeite da tarde salgada
olhos de ler nas escrituras do silêncio a grafia de um socorro
corpo de cruzar o mar no barco vazio, e ser o barco

mão de abrir romã, língua de segurar a faca
saliva doce de veneno ao canto do lábio escorrendo
olhos rachados do limo dos dias insossos
corpo que é vulto na casca lassa e ainda
sentindo tudo
sentindo tudo
sentindo tudo

sentindo a água
a água fala:

céu beijando mar
areia quente, branda
o vento nos ensinando
uma dança antiga

amor é quando nos passos
os corpos se confundem
atravessando tempo e espaço
em uníssonos sussurros

eu não sei dançar, mas danço
e meus pés estão feridos

fecho meus olhos, troco de cor com o céu
transformando-me entre as nuvens
nas imagens que um dia sonhei ser
sem a gravidade da carne

em ondas de ressonante fumaça
do pico da lividez sou catapultada
para longe da sombra de ter existido
num mundo sem inclinações magnéticas

tropeço no vento com o propósito
de cair ao encontro do sal da areia
que sobre as lisuras da pele ensina
e sou liquefeita no ar, feita filha das pedras
eletricidade pura, energia mística

magia antiga das deusas mães
é caminhar pela terra comungando vida
cura e morte

ao silêncio, perguntei como é fazer amor
e ele, claro e fino, respondeu-me assim:

eu sou do mar, nunca foi o contrário
pertencimento é braço espraiando o novo
o amor é um par de asas cortando as nuvens
voando sem estar perdido

eu sou do tempo, do outro lado não existo
passagem não é passeio, é profunda investigação
duração é o prazer do corpo formado pelo caminho
partindo por dizer adeus, não por estar quebrado

ao tempo de amar, o que preciso é caminhar sozinha
no mar mergulhar, retornar mulher feita
e na areia cavar passos enterrando as moléstias
das histórias que já não são minhas

rosa vulcânico envelhecido é o meu tom
dele levanto voo de meu ninho-sonho
como quem desperta para o desmame
do seio da vida, inchado, dolorido

para onde, mãe?
agora que sou pássaro grande
e de meus ferimentos posso tratar
em que dobra do espaço dorme a liberdade?

o que farei, mãe, neste vasto mundo
que existia antes de eu ter nascido
e que quando minhas asas falharem
no voo de outro pássaro continuará existindo?

todo passado é passarinho?

mãe, o que será de mim?
eu que nascida do escuro ovo do sentido
só sei do mundo o que é casca partida
e que neste ninho já não caibo inteira

e agora, mãe
de que lado da asa fica a casa?

uma página em branco é o que eu sou
vejo as letras ganhando forma, engrossando
ao passar do vento que atiça os meus tecidos
floreados espirais no redemoinho do meu umbigo

tenho vasos verdes como raízes que vertem
na terra onde piso, que é o plano em que existo
tenho ramos de cabelos estendidos sobre o tronco
no chão em que me firmo, que é o corpo onde levanto

carrego meio leve, meio pesado
inteiramente exposto este ser sucumbido
meio humano, bicho, massa estranha e doce
a ser descoberta ainda na sua própria constituição

derramada variada nestas páginas, preciso de uma pausa
escrevo aqui o que não posso esquecer:
terra é casa
água é cura
vento é trégua
o sol é gentil

há tempos não chupava uma manga com veemência
acostumada a descascá-la e picá-la antes
como descasco e pico as vicissitudes da vida

eis-me entre os fiapos intrincados aos dentes dos pensamentos
a boca boba do caldo doce da fruta macia, escorrendo em meu pescoço

há tempos não derrubava o fruto direto de uma árvore
segurando-o vivo nas mãos, sentindo sua rijeza e frescor
acostumada a retirá-lo de uma caixa e guardá-lo em outra
como guardo nas gavetas as facas, as cartas, os poemas

observando o céu à noite, deitada no chão
como se deve apreciar a vista, pergunto-me:
em que momento deixei de notar a sutileza
da fruta como fruta e bela que é?

seria o tremeluzir de uma estrela, ou meus olhos
que na escuridão andam falhando?
alguém ao longe também me vê bruxuleando
e sente que sua visão o engana?
quem morreu primeiro, a estrela ou eu?

vista por último próxima ao mar, observando as pedras
com olhos de quem evoca uma canção última
ao lado dela um livro, possivelmente o seu favorito
usava um vestido negro e leve, como seus pensamentos
negros, leves, calmos, cortantes

vista sem sapatos, adornos ou argumentos
nada que se pudesse alienar ela portava
além do branco nos ossos sobrepostos
na pele o apego ao que não tinha valor
renunciou aos desejos sem lamento

vista por último como habitualmente
aos olhos invisível, em sensibilidade desmedida

SEGUNDA PARTE

VIVENDO SOB PINTURAS CELESTES, OS PÁSSAROS NÃO CONHECEM A TRISTEZA

ouvi da barriga da minha mãe
o canto de um pássaro que me chamava
e tendo pressa de conhecer o sol
nasci antes do tempo, ainda não formada
era uma manhã de abril de 1994

feita de descompasso para assimilar os sonhos
as minhas linhas são inconstantes e temerárias
gás, poeira, piruetas, fome, abandono
o começo de mim é um mistério, não guardo fotos de criança

minúscula, meu corpo não cresceu muito
caibo numa caixa de pregos, num cinzeiro, num sorriso
brincando com fogo e me queimando, aprendi a escrever
e escrevendo aprendi a ser gente, ainda trabalhando nisso

pequeno corpo, alastradas fissuras no peito
atravessadas pelos astros e constelações
que me refutam os espantos e abismos
o buraco vivendo em mim se chama cosmos

as gaivotas, aves marinhas oportunistas
e sem papas na língua, olham bem na sua cara
e falam logo o que pensam:

o corpo do outro é onde a sua regra não se aplica
quando você vai entender que não precisa se ferir
para se sentir viva?

existir é maior que um corpo
permanecer não é físico

o que te assusta neste mundo é ser arrebatada
pela poesia de uma mulher e depois descobrir
que ela cometeu suicídio

a sua ferida ainda queima
quem te feriu não se lembra

chorar não é pecado, mentir que é
você e seu pai são só pessoas que não se conhecem

quando você olha para a sua dor
sem poder distinguir dela a sua identidade
um imenso azul se debate entre as nuvens
assim nasce a chuva

na chuva os pássaros dançam
e não sabem que é feita do choro de Deus

chove em dias de velório
e em dias de nascimento
nos dias claros e soturnos
no dia dos pais, nos feriados de independência

todos os dias são de nascimento e de velório
há sempre alguém sendo enterrado, morto ou vivo

dois pássaros gêmeos cantando
o som do silêncio chamavam
a escuridão de velha amiga

dois pássaros gêmeos cantando
o peso da chuva solenizavam
a noite enquanto refúgio da solitude

dois pássaros gêmeos cantando
a leveza das folhas ao vento
sussurravam vazios aos ouvidos
dos outros pássaros que não entendiam
por que o céu enfurece de repente

é coisa do desamor crescente – disseram por último
os dois negros pássaros gêmeos
que foram vistos tristes, e depois disso
perpetuaram o som do silêncio

Simon e Garfunkel – eram chamados os pássaros

caminho no campo e no meio
me pesa a carga do tempo que se anuncia
a mim como o desejo de encontrar vida
misturado com a antiga sensação de ter morrido

no campo vislumbro ser o ar
em seu gesto mais complacente de perenidade
formando a tempestade, hei de conhecer o rei vento
que deve ter olhos de fogo e uma coroa feita de sal

com meu silêncio irei conquistá-lo e serei também vento
baforando texturas de poeira fresca sobre o verde das colinas

assim posso ritmar as batidas do coração com os tremores da terra
compreendendo no escuro das horas os segredos de latitude e longitude
em ramagem serei toda refeita, nas camas de pedras formando corpos
[cruzados pelos redemoinhos

e acima de tudo serei partida, permanência jamais concluída
partir com vida antes que o tarde seja ontem

barriga de amêndoa deslizando na grama afável
à luz do sol brilhando com suas orelhas felpudas
pediu gentilmente o coelho preto:
dê-me uma memória, menina

lembrança singela, calorosa, genuína
dê-me, menina, uma memória sua
volúpia adulta, infantil reminiscência
momento em pele humana, que não seja vazio

dê-me agora mesmo, menina, uma memória

com as suas imagens hei de tecer
morada de sonhos e ponto de partida
com elas ascenderei ao retorno
de minha originária forma de nunca

dê-me, menina pequena, menina doce
menina, menina
uma memória sua
uma memória sua

coelho doido, mordeu-me o dedo e adormeceu
levando em sonho uma lembrança minha
indolor e raríssima, de quando era eu criança:

em meus cabelos formando uma trança
a mãe não sabia, mas norteava meus caminhos

palavras grandes demais para caber no som que elas mesmas
[produzem e que por isso mesmo transbordam em imagens:

carnificina
lubricidade
pão
saudade
noite
paraquedas
parto
pipa
céu
mar
pai

a coruja quando chirria
invoca a nefasta fatalidade
que dos túmulos dos mortos ressurge
exumando uma canção noturna

maldita melodia do silêncio
tocando dos apáticos corpos putrefatos
que sobre a terra se reviram
na graciosa dança dos perdidos

ossos batendo contra ossos
que de antiga carne se desprenderam
pelo eterno cansaço da vida antes esvaziada
agora poeira cósmica cambaleante entre os vivos

a coruja quando me toca
revelando-me um esoterismo
trepido toda e sou feita de pio
lamento terreno das crias sem asas

a coruja e eu, boas filhas da penumbra
servimos à noite

dormindo, acordando
caminhando neste corpo humano
a insubmissão das magnólias à ventania
nutre o meu desejo pela interconexão real

a maçã que desmancha na boca o seu dulçor
o furar do bolo com o dedo inquisidor
na bacia com água fria afundar o rosto
ficar sem respirar, ficar sem respirar

dar ouvidos aos sons do escuro
arquitetando em silêncio um ato de rebeldia
ser polivalente no amor como se é no desamor
ficar sem respirar, ficar sem respirar

existindo, sobrevivendo
envelhecendo desarmada por trás das máscaras
a trepidação do dente-de-leão ao inverno
desperta-me na pele uma urgência:

abraçar com coragem os braços que desatam
sentir o perfume sabendo que é disperso
levar na palma do olho somente
o que couber na pupila da mão

hoje velha, e para sempre jovem
como os carcarás, minha alma se alimenta
do canto de pequenos pássaros, delicadezas
miúdas sementes-esperanças, genuinidades
singelezas desvalidas pela conveniência

deslizando como as cobras pelo solo sem regulamento
minha alma pensa que é água e absorve do verão o ameno
como se ao cair da chuva não tivesse um corpo para carregar
e num barril com seu próprio veneno se reserva descontente

tigresa implacável correndo livre
sem medo de ser ferida – vê-se assim minha alma
que é gata acuada lambendo as feridas
de uma antiga briga contra ela mesma

por baixo a terra é quente
até onde reina o extremo frio
acima do ninho do tuiuiú, sou nuvem suspensa
do alto observo a flor morta – nela vive o orvalho órfão

branco, azul, de novo branco, azul, azul
miríades de gotículas em queda lenta – tudo aqui é memória:
noite de chuva, passarinho faz festa
dia de lavar quintal, passarinho toma banho de mangueira

noite de chuva, chora o poeta
dia de lavar quintal, escreve as suas misérias
a banhar-se feito passarinho:

depois da chuva escorre a água do ninho
sem ninho tem-se a água
onde nunca se é sozinho

com a mão retirou da boca uma nota espinhosa
doeu, sangrou
a partitura tinha braços, pernas, movimento, densidade
um corpo
uma vez colocado ao chão – vísceras sobre o concreto
começou a ressoar:

sonata primeira, deu-se à criatura o nome

o vento quer contar uma história, escuta:

em terra distante, onde vive uma montanha colossal
à noite podem ser ouvidos assombrosos sussurros
do ser extraordinário que nela habita
criatura meio pedra, meio homem

o homem-pedra alimenta-se de música, dizem
e sendo a própria música, alimenta-se de si
nutrindo também a montanha morta-viva
com as canções que circulam em suas veias

um dia, Deus tocou a montanha, e tão profundamente a sentiu
que a sua musicalidade quis potencializar
criando-lhe um instrumento de cordas, então chamado piano
assim ganhou vida a quimera da montanha

e toda noite o piano, ululos e gemidos podem ser ouvidos

a montanha, no entanto, jamais pode ser tocada
sendo enfeitiçada pela fera-pedra que lhe habita o âmago
por isso ninguém nunca chegou perto o bastante para assegurar
se a gigante rocha musical é real ou fantasmagórica
os ventos a chamam de montanha Glenn Gould

escuta, isso é uma música:

lava movediça na terra abrasada
arrastando pelo chão a sua fisicidade volúvel
seiva devassa que envolve as ramagens
por dentro das grutas formando rochas com pontas de ferir

e fere
o som da pele sendo queimada excita a espuma do mar:
esta cena tem a duração de uma música

quanto tempo dura o que é o agora do nunca eterno?
em que parte do sonho se atinge o entrelaçamento somático quântico?

aberta a marcha para o inferno e o céu do mundo
invoco aqui os noturnos de Chopin

pensada, escrita e concebida em década passada
a canção atravessou a linhagem dos anos
para tornar-se o pulsar do agora-instante
assombrosa presença em puro magnetismo

a música quando penetra o corpo
recria-o à sua própria imagem intangível
o corpo penetrado goza de cadência
audaciosa e variante: dentro, fora, dentro, mais fundo

do alto da comutação sonoro-corpórea
confundem-se música e anatomia na definição do movimento
coisa que a palavra na sua mais sólida chance não domina

como tentar explicar o fato de uma composição de Bach
ter transcorrido o longo vazio do espaço-tempo
a encontrar intacta a sua alma plena, levíssima
no sublime e gentil toque de Glenn Gould

como não se explicam os elementos de oscilação do *jazz*
que se espraia no céu de uma boca e por ligeiro engano
atinge a areia da outra língua, que ali chegou noturna e quente
noturno e quente é o *jazz*, que em sua essência
é um beijo de língua

estou falando de magia

caminho litúrgico percorrido em todo ser
os anjos quebrados, os caídos e injuriados
a música tem inclinação a fazer seus milagres
nos doces corpos castigados dos infelizes

por isso consciente e inconscientemente vivo dançando
a música me vive presente
e me faz querer dizer mais

delicadíssima serenata a do bater de asas das gaivotas
o dó menor no ronronar maior dos tigres

a música cura, dizem os cientistas nas Ilhas Virgens do Caribe
que tendo instalado alto-falantes subaquáticos em recifes degradados
e reproduzindo sons típicos de um ecossistema saudável
perceberam movimentos de recuperação do equilíbrio

o diálogo das baleias é a primeira sinfonia de que se tem registro
em seguida, o adágio dos pássaros mortos, que só se ouve no escuro
sem contar as estações em que as cigarras dríades iniciam o seu feitiço

para apreender a voluptuosidade de uma composição
não é necessário ter ouvidos – bem diria Beethoven
que na malha cósmica da vida encontrou o que é levitação

estou falando de poesia

toda criação de Bach é bastante em si mesma
abstração despida de grafia a desmanchar-se em verso

estou falando da canção que comecei neste murmúrio
e que preciso terminar

força integradora do mutismo inorgânico
interpenetração dos buracos negros ao vagar
a beleza na exaltação do dançar indefeso

58 repare: a primeira nota que aqui escrevo
é uma história de amor

aos instrumentos de sopro
perquirir em colunas de ar as sutilezas
harmonizando-as com o fluxo da respiração
e de agora então o retorno aos ouvidos primeiros, os de criança

aos instrumentos de corda
conduzir as invisíveis linhas de abismos entre os vazios da boca
capturando as imagens sonoras com o prumo da língua
que enrola e cala ao contorno engrossado do sonido

enrola e cala

aos instrumentos de percussão
entregar da retina as pulsações
e ao canto, com esmerada ductilidade
ser o próprio instrumento de sopro, o sufocar-se

dois artefatos que se conectam a certa profundidade
na estrutura óssea de uma composição musical
são harmônicos até em seu mais íntimo desalinho

de desarmonias foram feitos os corpos humanos
porque ardentemente altos em seus instintos de ternura
desejam do amor só o que lhes foi tirado:
a tessitura

veja que enquanto escrevo, Glenn Gould toca Bach para mim
ouço seus sussurros ao fundo entrelaçados
rangidos vivos, ecoantes para além de meus ouvidos

as notas ficam tontas com sua energia caótica
e também fico tonta, eu que pensava ser caótica

momentos há em que desacompanho o seu ritmo
e então Gould, com sua fineza e serenidade preternaturais
retoma-me pelas mãos e continuamos, continuamos

conectando-me com os mortos não me assusto
só quem morreu por vezes sem conta
sabe a diferença entre um corpo frio dissimulado vivo
e uma alma viva incorporada em canção

eu que não sei tocar piano, escrevo
e Gould continuará tocando até o final destas partituras
que vicejo à procura de uma escuta

com as mãos toco a terra
a terra me abre, revela meus espinhos
sobre meus ossos gotas de chuva desatam

não vê nestas linhas que estou derramando?

sou voz do interminável eco nas sombras
meu descanso é a luz da estrela morta
que se divide em mata densa e intensa sede
nas covas, nos ninhos, nos rios
à noite a lua me desenha mulher
bicho, palavra, vingança, equação perigosa

sou eu? – pergunto às águas pluviais que correm
levando meu corpo

TERCEIRA PARTE

A ÁRVORE VISTA DE PERTO É UMA MULHER, A MULHER VISTA DE PERTO É UMA ÁRVORE

não, o tempo não existe
petrificou-se no instante em que a nuvem
tangida pelos galhos do carvalho vermelho
fez do céu uma tela de labaredas

imenso carvalho escarlate
com cheiro de madeira e sangue antigos
derramando suas flores brancas sobre a terra
arrimada em sua incontestável presença

árvore ancestral das filhas sacrificadas
guardando em seu sagrado manto interior
os corpos punidos pelo terror secular
da violência dos homens – pretéritos e novos

majestosa mão etérea
que o céu enrubescido alcança
e em dor lateja pelas vidas
ceifadas de seus sonhos mais longos

no envelhecido tronco da árvore, veem-se os vestígios
o carvalho é vermelho de permanecer sangrando
pelos tempos irrefreáveis de morticínio feminino
há ainda marcas de unhas, fragmentos de cabelos
pedaços de pele queimada em decomposição
os resíduos daquelas que ali deitaram-se à espera
de que a dor cessasse

não, o tempo não existe
fora congelado, tornado água que cura
e a restauração naturalmente transfigurada
no rio a cuidar dos indômitos corpos feridos
pelo toque nefasto da fragilidade de seus algozes

a verdade do mundo as mulheres nascem sabendo
e morrem desejando esquecer

o vulcão com seu olho aberto vertendo carmim
ouço atenta ao meu fluxo e sei das ventanias
nas colinas dispersas que ainda não conheci
como contaram-me os gnomos

pendurada nos chifres do bisão adulto
curvo-me às planícies golpeadas pelo sol
e sobre o trigo baixo no tempo farto de securas
carrego na pele os sinais das espécies extintas

sou eu também extinta a cada espécie partida ao meio
antes de mim

hoje é vasto o meu cansaço
do peso acre de ser livre
para caminhar com a chaga exposta
e ver nela sangrando os filhos dos filhos que não tive

ah, minha velha mãe-terra, amiga da morte
que na rigidez dos penhascos ergueu sua vida
seguro firme a sua mão gigante, e é toda minha a sorte
de ter nascido sua filha

estou tonta, como quem de um sonho
cai em outro sonho e noutro, em camadas
dormitando sem saber como retornar
e é preciso o retorno?

o mar, sentindo o meu cansaço
arrastou-me até aqui – não sei onde
e tudo bem não saber onde, o importante
é saber quando e quanto – tanto que desconheço

meu corpo agora é frio e pesa
alquebrada, não posso correr
galopam-me as batidas torácicas
combinadas às ondas altíssimas – consegue ouvir?

pedaços meus cortados salgados
vagando no ar devastado e arguto
pedaços seus orbitando em mim confusos
a culpa não é do vento, é nossa

preciso confessar-lhe, pai
as palavras por aqui andam difíceis
por isso só tenho falado contigo em sonhos

água caindo na terra, molhando as plantas
terra guardando punhados de água nas flores
gotas de chuva furando os poros do rio
encrespado chorando abismos

o peixe pula sobre a superfície
a ave se aproxima para tentar comê-lo
e o peixe apressado retorna ao fundo
a ave bate as asas e voa livre, sem arrependimentos

ágil e sortudo é o peixe
a ave ruim de matemática
o peixe não sabe voar
no mar a ave não respira

água dos olhos de Deus caindo, banhando os troncos
terra abraçando água com medo dos homens
água, terra e ar violentados, inseguros
e ainda assim mantendo o lar
a proteger os bichos

nas teias do espaço-tempo um texto é construído
ganhando forma no fogo e às chamas formando
tomando para si a invisível solidez do tecido plasmático
letra por letra na linha contínua do sem-fim

da terra, suas palavras bebem água
tecendo em verde planura os verbos
e em palha disseminando seus versos
atemporal, sua língua encontra voz

no estrangeiro é o seu semear
em todo lugar o texto é passageiro
planta e voa, planta e voa
deixando aos filhos tantos espalhados pelo mundo
o que comer

esfaimados os poetas, que vivem cheios de vazios e lembranças
e eu que tenho fome, penso agora numa lembrança:

eram sementes, ou partes de gente
que em suas mãos abertas você mostrava
dedicada a não deixar cair ao chão
e aos brados dizia: salve a poesia, salve a poesia

não era você, mas um espectro vivo
imagem sua inventada na minha cabeça pesada
era eu caída ao solo flamejante, pedindo a você
que me salvasse dos dias sem poesia, que não eram dias

jovens tolas, tanta coragem para pouquíssimo juízo
trocando de identidade para não parecer crianças
vivendo entre os danos dos planos esfacelados
que não sabíamos, iriam nos separar

quais palavras, que letras devo usar agora
para formar um nome que seja seu e meu
e dia e noite eu possa chamá-lo num ritual
onde voltamos a ser as meninas que correm?

lalurissa, carmilena, brunanda
amantrícia, franciskatia, andrevânia
prisnata, phialice, aletriz

Margaret, é você? – indagou-me a flor da lua
erguendo lentamente suas sépalas avermelhadas
com as raízes entrelaçadas ao tronco da árvore

meu nome não é Margaret

Margaret, não é você?
confusa, questionou de novo a flor
que à luz do plenilúnio se abria e reluzia belíssima
em raro sortilégio que sucede uma vez ao ano

meu nome não é Margaret, estimada senhora

tenho eu esperado por Margaret
que um dia desenhou-me um desabrochar
aqui nesta floresta, que ainda é a mesma
hoje com menos vida do que antes

Margaret morreu há alguns anos, querida flor

embargada na voz, a branca flor rendeu-se em silêncio
exalando um perfume doce, depois amargo
recolhendo suas pétalas sem pressa até fechar-se por completo
como quem junta seus pedaços últimos para o descanso
e desbotada de tristeza, adormeceu

no ano seguinte a flor do luar despertou
chamando por Margaret, seu primeiro amor

a mulher que por anos esperou pelo seu desabrochar
e com esmero levou sua imagem ao mundo

Margaret e a flor do luar – contam os pássaros
renasceram como orquídeas azuis, depois lírios de fogo
e continuam partindo e ressurgindo com seu amor
a suscitar o espanto dos tempos

ergue a sua mão e empunha a matéria
irmã do cosmos, mais antiga que a vida
repare que o pó formando a tessitura das árvores
é o mesmo que compõe a dança das suas gloriosas células
e deita, dorme seu espírito sobre o raio de sol

abre sua boca para receber o átomo e mastiga-o
entre os dentes lacerando uma memória
sagrada hóstia atemporal na sua língua amarga
de dizer martírios quando a fome vem
e se revela verdadeira natureza

entrega seus olhos à planície da eternidade
como a terra oferece o corpo ao culto da vida
que é a morte disfarçada de estrela em colapso
uma imensa constelação sem nome, verás aflita
como é grande a nossa pequenitude humana

estende seu braço sobre o rio e o cruza
chegando ao outro lado é que se vê o enrugamento
na pele da água como a gravidade dobrada
no tecido do espaço, uma galáxia desconhecida

estás cansada, eu sei, é vista de enormes distâncias
então lhe contarei um segredo:

inconformadas com a repetição do viver
as abelhas criaram o mel e, nesse dia, decretaram
a posição primordial da abelha rainha

as deusas antigas, tendo uma iluminação
pressentiram a existência das mulheres na terra
e então decidiram que todo ser nascido mulher
levaria em seu sangue a propulsão da arte

se as mulheres aprenderam a tecer mel com as abelhas
ou se foram as abelhas que aprenderam com as mulheres
sobre o regulamento da instituição colmeia
quem aprendeu com quem a transformar dor em açúcar
entre elas é confidência

mãe não é pai quando o pai não é
mãe é mãe

minha mãe foi minha mãe, e mãe de outros
quando criança fui mãe dos meus irmãos
minhas irmãs foram minhas mães
hoje mães de seus filhos

algumas mulheres pulam a infância
tornando-se mulheres antes de serem crianças
e enquanto estão sendo maduras
as garotinhas dentro delas criam garras
para lutar contra os monstros

nunca pari um ser humano, só um livro
de poesia – havia sangue por toda parte
minha mãe achou bonito
mas sempre diz que é estranho eu ser
mãe de gatos e não de pessoas

é que sou uma gata, mãe – respondo
minha mãe ri

coisas que minha mãe aprendeu com a mãe dela e que aprendi com a
[minha mãe:

para dor de cabeça
uma fatia grossa de batata crua sobre a testa

para torcicolo
envolver sobre o pescoço um pano aquecido com vinagre

para dor de dente polenta quente
e sobre as feridas, aplicar folhas de penicilina

para pau mole
chá de picão

para pés cansados
água morna com sal numa bacia

e não importa a espécie da folha que se usa para o chá
se for preparada com amor, não prevalecerá a doença

o despalavreamento das palavras faz-se assim:

polvo é mentor espiritual, povoar é habitar em forma de polvo
o corpo é um pulsar no espaço

norteador é dar norte para a dor
seio é casa em forma de concha

gozar é transbordar de fora para dentro

mãos são instrumentos de interpenetração
corrimão é a mão que corre por cima da calça

pindaíba é não lembrar como sorrir
falta é dente pobre

empalidecer é vestir um paletó para ver o sol nascer
ruborizar é pintar o céu de vermelho

lirismo é leitura de lírios
orgasmo é tocar o cosmos

dar-se apuração:
entre o desabrochar de uma dália
e o apodrecer de um pêssego
o tempo é precioso

como o tratamento de uma doença incurável
e a linhagem que separa o corpo vivo do morto
amar leva tempo

do ato da quebra ao fato da reconstrução
transcurso é semeadura de paciência
em campo extenso onde se estendem passagens

investigar com prudência:
como o gato se limpa por horas
com sua língua de espinhos
o tempo retorna para recolher os corpos
amados ou não

amar é preencher com fantasmas de presenças
os lapsos de constância

uma árvore nunca morre
deita-se para descansar sobre a terra
transformando sua matéria no húmus
que por outras árvores e formas de vida é incorporado

toda floresta é um organismo vivo, completo
corpo uno sustentando ecossistemas
criaturas inveteradas, secretas, feéricas
em dinâmicos ciclos de decomposição e renovamento

uma mulher nunca morre
deita-se para descansar sobre a terra
transformando sua matéria no ar
que pelas árvores é metamorfoseado em substancial energia

os troncos das árvores, quando observados de perto
lembram braços cruzados, pernas prostradas
cabelos estendidos, corpos caídos dormentes
revelando a forma como deitaram-se
pela última vez as mulheres

na trama volátil da reconstituição da vida
árvores e mulheres se confundem em seus sonhos
as mulheres e as árvores aprenderam a crescer
para tocar o céu

céu é um lugar longínquo num tempo de coragens
onde se pode ser quem é sem medo de ser ferido

viajar no tempo dói
vivendo de passagens e impressões
sou toda a abundância de detritos incorpóreos
matéria escura errante no espaço infinito

das formas humanas, sou feita de ausências
dentro e fora de mim o buraco negro, as estrelas
observo o fragmento galáctico circundando o vazio
e sei que é frio, vasto e belo o extremo do nada

em meu olho o centro do abismo e tudo vejo
sou agora a gravura de um chapéu sem cabeça
inclinada à sorte de direção nenhuma, sigo
inexata figura no lodo massivo caindo e caindo

e sem um ponto onde firmar minha estrutura volátil
em subconsciência fixo a fantasia de uma zona de equilíbrio
guiada pelo raio solar que de longe me reverbera sonora
abrindo-me as cortinas para o espetáculo das nebulosas

mortos, vivos, na iminência de morrer ou nascer de uma explosão
defronto os astros ao caminho da absorção e da destruição
e em múltiplas dimensões sou extinta e me recomeço
da escuridão inata não me individualizo, nela me integro

sou também fria, vasta, bela, repleta e vazia
proba nas falhas do curso em que me formei em ninguém

no rosto a feição faltando, densa massa sem identidade
na sucessão do biossistema que tudo penetra incessante

vejo as rachaduras expostas em planetas queimando vivos
os seres estranhos à própria indefinição
buscando sentido e no vácuo sentindo
sabem eles que a eternidade é feita de delicadezas

e eu, que não sou eterna, embora delicadíssima
guardo em mim tudo, e nada levo
estou de passagem

nesta hora da manhã, mais pássaro do que gente
acordo e canto profusa ao alvorecer
tenho em mim o privilégio de absorver do ar
a silenciosa comunicação das árvores

na leveza dos passos, mais folha do que pele
ando e ardo sob a saia do vento brando
que me rodopia as pernas finas exaustas, como andam
gastas as minhas esperanças de senhora bruxa

neste corpo, mais água do que sangue
equilibro-me ao luar, meu primeiro par
levando minhas dores aos olhos do rio
que sem julgamentos, me recolhe as pequenezas
curando meu torso de pedra rachada

o pássaro, a folha e a água me encaram
e não precisam questionar a minha inveja dos mortos

se rezo, é para que o tempo me seja dado em tempo
pedindo ao Sol que cancele a minha destruição
para que de mim o canto, o passo, o pranto
possam nas águas descansar
terreno é o meu contentamento
se sou vida, é para tatear os meios todos
como se fossem inícios

caminhar sob o coro das graúnas
guiada pelo perfume do salgueiro-chorão
ao destino que não conhece roteiro
para longe de mim, vacilante

debulhar os olhos entre as sementes secas
separando da sombra a matéria primordial
e na segmentação dos passos
desenvolver paciência

entregar o coração ao tempo
que nele edificará um viveiro de pássaros
agitado, turbulento, caloroso e musical
como uma casa habitada pela bravura

na provocação da ventania ser a teia de aranha
fina e forte, fina e forte
vivendo e tecendo

preencher este corpo
com o que seja nutritivo e prazeroso
ouvi-lo, fazê-lo ser ouvido
não feri-lo, retirar-se quando ferido

deste corpo que é um mundo
prestar atenção à sua energia
se onde permanece há sintonia
se não é necessário ausentar-se
se em solidão é pleno em si mesmo
e se ensimesmado é capaz de chocar-se
com o outro, que é também um mundo

preencher este corpo
com o que inflame em maturação
descobrir as partes podres e tratá-las
cortando-as pela raiz quando preciso
fazer dos ossos e nervos escadas
à subida da real experimentação
em suas quedas, quebras e estigmas

fazer deste corpo uma viagem
com rumo acertado pela aragem
doar-se ao arrebatamento do perigo
arriscar a pele à agulha afiada do tempo
sentir tudo, não passar sem ter sentido

plenificada, abro-me à terra
que em cumplicidade a mim se abre
e lhe toco um osso exposto em cerro
sublime corpo voltado ao sol que sem mover-se, sorri

germinamos, formando uma em outras tantas
e todas nós existindo num gesto de complacência
para com os vivos e os que antes deles partiram

do amor que conhecemos ainda há disposição
para nele aprender sobre o que nos feriu
enquanto tentávamos, em salvaguarda
proteger a pele de outros, não a nossa, nunca a nossa

de nosso sangue o pulsar da vida

a terra que se abre é caminho e vivência
das raízes que cruzamos irrompe
inteiramente nova e dela um mundo:
a ressonância

termina a minha solidão
no solo onde começam as árvores
os galhos alongados indicam a trilha
que leva à minha alvorada-esperança

todos os dias as árvores morrem
e nascem dentro de mim
morrendo e nascendo árvore
sou nova e velha a todo tempo
e tudo sinto inconstante

um dia eu quis morrer
sem saber que era habitada
um dia eu quis viver
sem notar que havia morrido

eu sou uma floresta e estou viva
olhe para mim

escreva aqui nas minhas folhas
uma lista de desejos – disse o girassol

deslumbrada com sua bonança e beleza
obedeci escrevendo:

LIBERDADE

SEGURANÇA

PARIDADE

MUSICALIDADE

LEVEZA

MAGIA

e o amor – questionou o girassol
não desejas o amor?

com as forças todas que ainda me restam – respondi
é ele constante em cada item da lista

com um leve toque do dedo indicador
Deus balançou os corpos das árvores
que enternecidas, entregaram-se ao feitiço do vento
tornado ato de contar ao tempo sobre as mudanças

como se o vento arranhasse os troncos das árvores
são as árvores floreando o oculto tronco do vento
e não há tristeza no olhar dos pássaros transeuntes
que com advertências cantam o porvir

nuvens de folhas verdes e marrons sobrevoando o céu
em altos espirais à evocativa dança da chuva
levando para longe uma mensagem

neste prenúncio de temporal, algo se anuncia
como um adeus – dizem os monges
no sonho de um sonho de outro sonho
do agora predizendo o ontem:
é a vida em seu estado mais bruto de iminência

doarei meus pulmões à respiração das copas
que mansas, densas, postas em cores vibrantes
farão de mim absoluta evidência de luz
e na perpetuidade de suas raízes, repousarei em silêncio

em uma pintura no céu, hei de morrer meu fino corpo
dobrado em tecidos escuros formando uma colcha
e estendida sobre lancinantes distâncias
serei para sempre o inatingível
o amanhã, o que não houve

então finalmente realizarei um antigo sonho:
saber o que é não ter um rosto

nasce aqui um corpo-além-físico
ebulição alquímica do espírito
mulher adulta
flor selvagem
ave do deslumbre
rocha imponente
selva enfeitiçada
água subterrânea
depois ar
depois nada
depois nada
depois nada
depois nada
depois nada
depois nada
depois nada
depois nada
depois nada
depois nada
depois nada
depois nada

o sol queima em vida
queimando, o sol vive em mim
sou chama rasgando o escuro
estou ardendo, não me deixe cair

o castanho dourado nos meus cabelos
nos entremeios os avermelhados fios
a lava me intercorrendo às veias
estou colapsando, não me deixe cair

eu sol – um raio e pulso
alargando-me em lampejos dos cílios de Deus
a transpor no espaço o longuíssimo
para encontrar sua pele neste instante

e tocá-la
não me deixe cair

volto-me à água, como quem
depois de anos vagando pelo mundo
retorna à antiga casa da mãe

com extrema ternura sou recolhida
por translúcidas mãos maternas
que sentem as feridas mais ásperas
e ainda me seguram:

estás magra, minha filha
andastes mal alimentada, estou vendo
não te preocupes, estás em casa
tudo ficará bem

Agnès Varda disse uma vez
que se abríssemos as pessoas
encontraríamos paisagens

e se me abrissem? – interpelo-me
que paisagens encontrariam?

encontrariam, decerto
este livro

Uma viagem começa nas interioridades da água, como começou a vida a se expandir na transformação das espécies, e depois as espécies a definirem por si mesmas no tempo as estações de necessária exposição e vital recolhimento. Uma viagem começa através da janela de um cômodo vazio em que dançam as cortinas como fantasmas, ou imitam fantasmas as cortinas em delicada dança. No vazio dos espaços, o ar costuma dançar. No bico de um pequeno pássaro adormecido no ninho, esperando a mãe do retorno da caça, ou nas costas de um senhor leão rei que exaurido de sua virilidade, sonha ter asas. Uma viagem começa na morte, o último suspiro de um coração cansado que se entrega à escuridão, sem saber se é a escuridão que encontrará ou se por ela será arrebatado. Uma viagem começa nas páginas de um livro, emaranhado de letras encorpando almas que se estranham na razão de ser do próprio universo em que foram construídas pelo eu-escritor que, no percurso da confabulação, por elas também fora construído. Começa verdadeiramente uma viagem quando você sente que está perdido, e perdido do ponto de partida, tendo feito de cada partida um ponto, encontra-se apto a penetrar ao nada que é o todo envolto unificado, fazendo parte do espaço fora e dentro de si na busca pelo mais íntimo desconhecido. A viagem é feita por aquele que sente que viaja. Não se tratando aqui, de um poder-lugar ou um chegar primeiro. Nesta viagem, a escritora, que não raro com escritura se confunde, desregulou dos cômodos todos os sentidos. Por isso, quando se lê "sentir" é o "viajar" que se deve inferir da palavra, que por si mesma fala: termina aqui esta canção.

EDIÇÃO André Balbo
CAPA Luísa Machado
REVISÃO Lucas Ferreira
DIAGRAMAÇÃO Nikolas Suguiyama

DIRETOR EXECUTIVO Leopoldo Cavalcante
DIRETOR EDITORIAL André Balbo
DIRETORA DE ARTE Luísa Machado
DIRETORA DE COMUNICAÇÃO Marcela Monteiro
EXECUTIVA DE CONTAS Marcela Roldão
ASSISTENTE EDITORIAL Veronica Fernandes

GRUPO ABOIO

ABOIO EDITORA LTDA
São Paulo — SP
(11) 91580-3133
www.aboio.com.br

Grafia atualizada segundo o Acordo Ortográfico da Língua Portuguesa de 1990, que entrou em vigor no Brasil em 2009.

Dados Internacionais de Catalogação na Publicação (CIP)
Bruna Heller — Bibliotecária — CRB10/2348

K95a

Kuchma, Luana.
Água sobre pele / Luana Kuchma.–
São Paulo, SP: Cachalote, 2025.

97 p., [7 p.] ; 16 × 19 cm.

ISBN 978-65-83003-80-5

1. Literatura brasileira. 2. Poesia. 3. Poemas. I. Título.

CDU 869.0(81)-1

Índice para catálogo sistemático:
1. Literatura em português 869.0.
2. Brasil (81).
3. Gênero literário: poesia -1

Esta primeira edição foi composta em Adobe Garamond Pro e Martina Plantijn sobre papel Pólen Bold 70 g/m² e impressa em outubro de 2025 pelas Gráficas Loyola (SP).

FSC
MISTO
Papel | Apoiando o manejo florestal responsável
FSC® C008008

A marca FSC® é a garantia de que a madeira utilizada na fabricação do papel deste livro provém de florestas que foram gerenciadas de maneira ambientalmente correta, socialmente justa e economicamente viável, além de outras fontes de origem controlada.